My First Rea

Coloring Book

English - Hindi

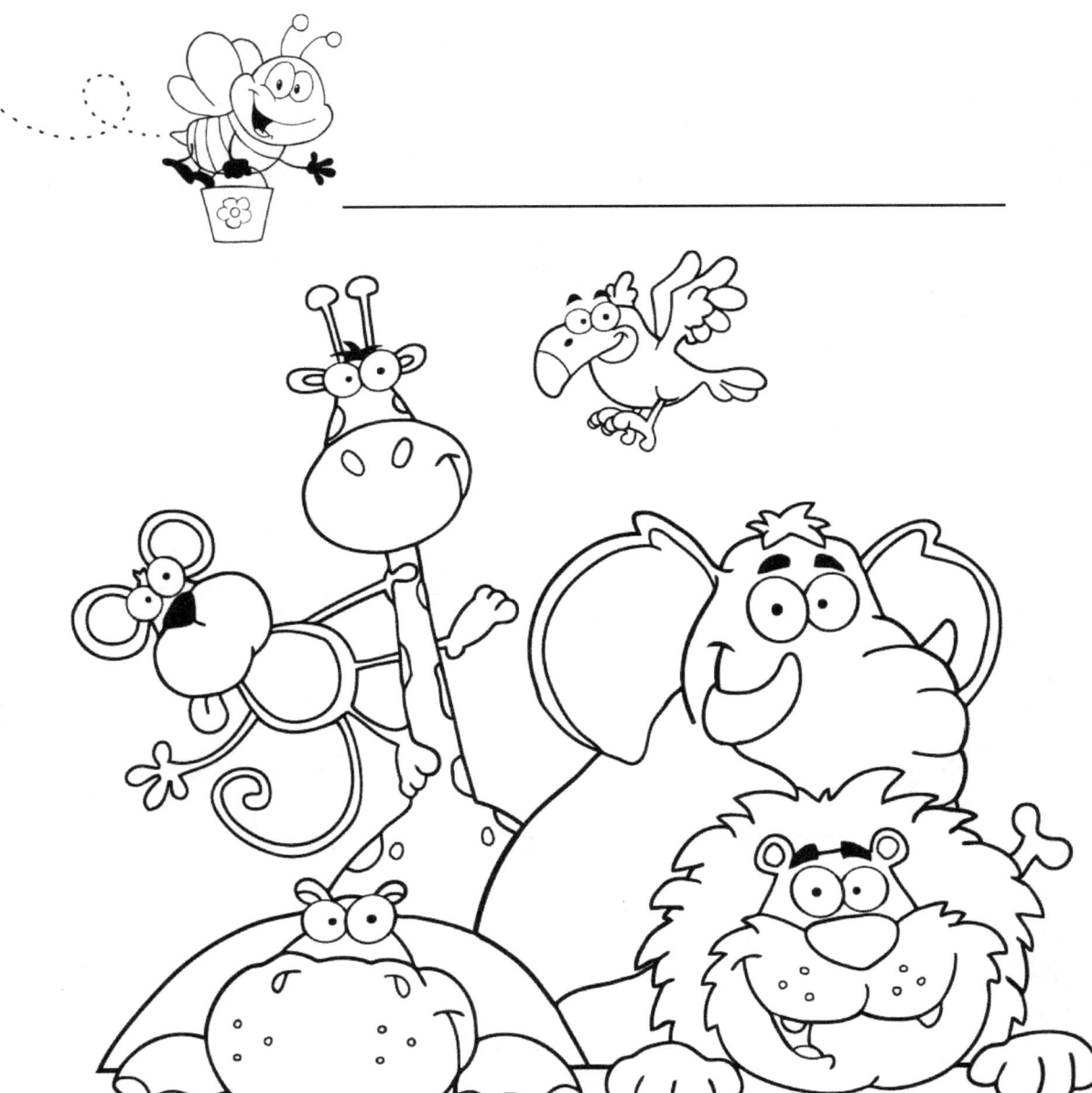

The dragon is playing the guitar.

ड्रैगन गिटार बजा रहा है।

The dinosaur's dream is to become a wonderful rock star.

डायनासोर का सपना एक अद्भुत रॉक स्टार बनना है।

The dinosaur is a rock star.

डायनासोर एक रॉक स्टार है।

An astronaut has to explore our universe so that we would have more knowledge.

एक अंतरिक्ष यात्री को हमारे ब्रह्मांड का पता लगाना है ताकि हमें अधिक ज्ञान हो।

The astronaut saw something in the distance.

अंतरिक्ष यात्री ने दूरी में कुछ देखा।

The astronaut is going on a mission.

अंतरिक्ष यात्री एक मिशन पर जा रहा है।

The waiter is serving juice.

वेटर जूस परोस रहा है।

The waiter is serving fresh lemonade to a family.

वेटर एक परिवार को ताजा नींबू पानी परोस रहा है।

He is wearing a bowtie.

उन्होंने एक धनुष धारण किया हुआ है।

The carpenter is fixing something.

बढ़ई कुछ ठीक कर रहा है।

The man is coming to fix the ship.

आदमी जहाज को ठीक करने आ रहा है।

The man is wearing a belt.

आदमी ने बेल्ट पहन रखी है।

The samurai is training to become good at fighting.

समुराई लड़ने में अच्छा बनने का प्रशिक्षण ले रहा है।

The samurai is chasing away his enemy.

समुराई अपने दुश्मन का पीछा कर रहा है।

The samurai is going for a morning jog.

समुराई सुबह की सैर के लिए जा रहा है।

Santa is lugging a large brown bag of gifts to his sley.

सांता अपनी गली में उपहारों का एक बड़ा भूरा बैग लुटा रहा है।

Santa Claus is carrying a leather bag filled with gifts.

सांता क्लॉज उपहारों से भरा एक चमड़े का बैग लेकर चल रहा है।

Santa is going to give out presents.

सांता प्रस्तुत करने जा रहा है।

He is playing a lively tune on his flute.

वह अपनी बांसुरी पर जीवंत धुन बजा रहा है।

The boy is practicing the flute to be ready at school.

लड़का स्कूल में तैयार होने के लिए बांसुरी का अभ्यास कर रहा है।

He is a musician.

वह एक संगीतकार है।

Santa Claus is giving extraordinary presents to excited kids.

सांता क्लॉज उत्साहित बच्चों को असाधारण उपहार दे रहा है।

Santa Claus is delivering presents to the children.

सांता क्लॉज बच्चों को उपहार प्रदान कर रहा है।

Santa is happy.

संता खुश है।

I had a humongous birthday cake for my celebration.

मेरे उत्सव के लिए मेरे पास एक विनम्र जन्मदिन का केक था।

This birthday cake has three layers.

इस बर्थडे केक में तीन परतें होती हैं।

My friend is having a gigantic cake.

मेरे दोस्त एक विशाल केक है।

The maid is cleaning our room.

नौकरानी हमारे कमरे की सफाई कर रही है।

The little girl is carrying two buckets loads of water.

छोटी लड़की पानी की दो बाल्टी ले जा रही है।

The girl is wearing a dress.

लड़की ने एक ड्रेस पहनी हुई है।

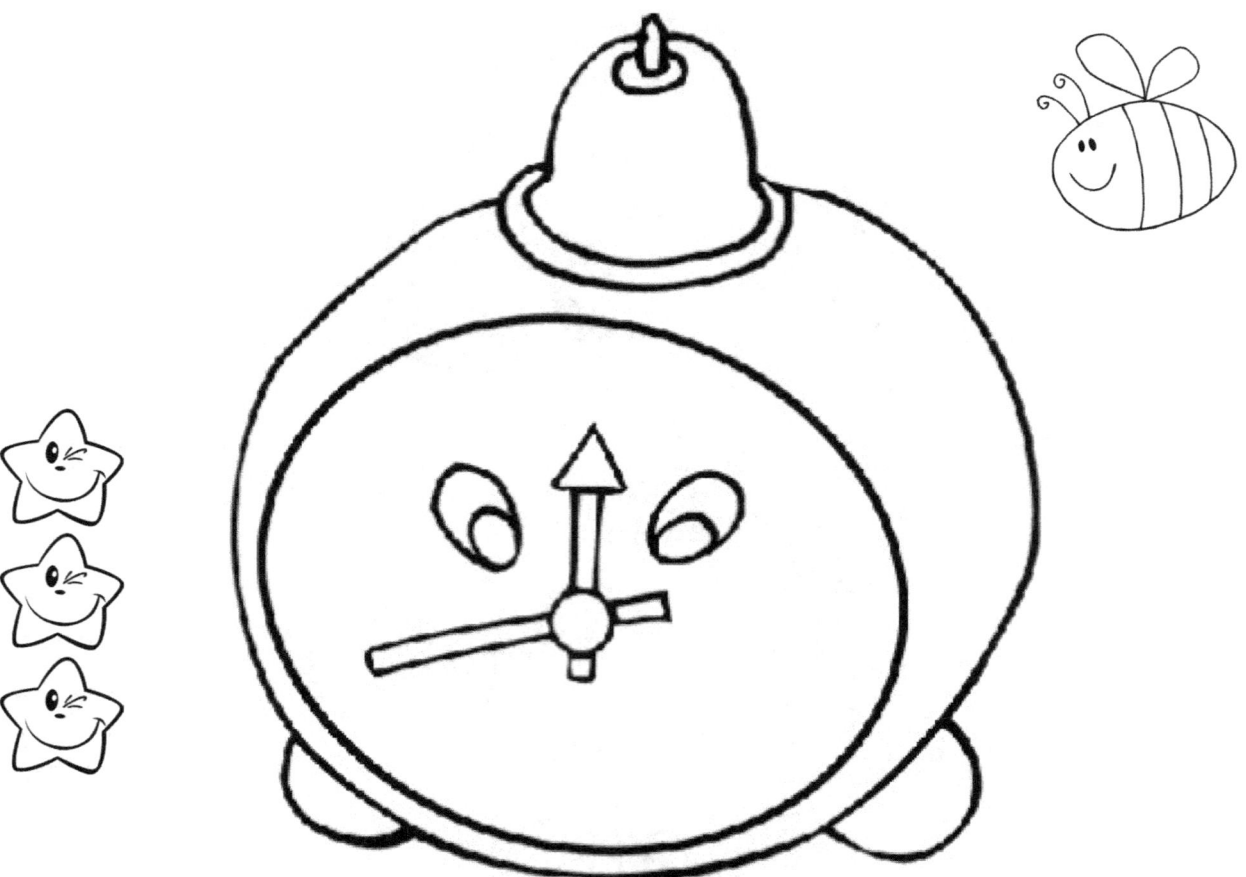

There is a big alarm clock on my desk.

मेरी मेज पर एक बड़ी अलार्म घड़ी है।

The alarm clock is sometimes very annoying

अलार्म घड़ी कभी-कभी बहुत कष्टप्रद होती है

The alarm rings every morning.

हर सुबह अलार्म बजता है।

Talented, Mr. Clown is juggling five red balls.

प्रतिभाशाली, मिस्टर क्लाउन पांच लाल गेंदों की बाजीगरी कर रहे हैं।

The funny clown is juggling with skill.

मज़ाकिया मसख़रा हुनर से बाजी मार रहा है।

The clown is juggling balls for his performance.

मसखरा अपने प्रदर्शन के लिए गेंदों की बाजीगरी कर रहा है।

The elephant is shy.

हाथी शर्मीला है।

The elephant has big ears.

हाथी के बड़े कान होते हैं।

The elephant has eyelashes.

हाथी की पलकें होती हैं।

The chick is on the telephone talking with his friend.

चिक अपने दोस्त के साथ बात कर रहे टेलीफोन पर है।

The little chick is using his mother's phone to play music.

छोटी लड़की अपनी माँ के फोन का इस्तेमाल संगीत चलाने के लिए कर रही है।

The bird is small.

पक्षी छोटा है।

The kite is on the ground.

पतंग जमीन पर है।

The kite is on the ground.

पतंग जमीन पर है।

The kite has a beautiful tail.

पतंग की एक सुंदर पूंछ होती है।

A little cow is walking around near the barn.

थोड़ी सी गाय खलिहान के पास घूम रही है।

The calf is wandering around.

बछड़ा इधर-उधर भटक रहा है।

That is a baby cow.

वह एक शिशु गाय है।

Santa is having fun.

संता को मज़ा आ रहा है।

Santa Claus is laughing at a hilarious joke.

सांता क्लॉज एक हंसी मजाक में हंस रहा है।

Santa is fat.

संता मोटा है।

The ladybug is on the leaf.

भिंडी पत्ती पर होती है।

The ladybug is smiling.

भिंडी मुस्कुरा रही है।

The ladybug has six legs.

भिंडी के छह पैर होते हैं।

The happy frog is wearing a green hat.

आनंदी मेंढक हरे रंग की टोपी पहने हुए है।

The green frog is wearing a green hat.

हरे मेंढक ने हरे रंग की टोपी पहन रखी है।

The frog is going to a party.

मेंढक एक पार्टी में जा रहा है।

The green parrot came from the forest to the zoo.

हरे तोते जंगल से चिड़ियाघर आए थे।

The parrot is just learning how to fly in the sky.

तोता सिर्फ आसमान में उड़ना सीख रहा है।

The parrot is colorful.

तोता रंगीन है।

I love to drink strawberry juice.

मुझे स्ट्रॉबेरी का रस पीना बहुत पसंद है।

The strawberry is drinking cold refreshing juice.

स्ट्रॉबेरी ठंडा ताज़ा रस पी रहा है।

The strawberry is red.

स्ट्रॉबेरी लाल है।

The wizard likes to work with magic.

जादूगर जादू के साथ काम करना पसंद करता है।

The wizard is going to summon a great big dragon.

जादूगर एक महान बड़े अजगर को बुलाने जा रहा है।

The magician has a wand.

जादूगर के पास एक छड़ी है।

My duck, stuffed animal, is wearing a hat.

मेरे बतख, भरवां जानवर, एक टोपी पहने हुए है।

The little duck is very squeaky.

छोटी बतख बहुत चीख़ी है।

The toy duck has webbed feet.

खिलौना बतख के पैरों में जाल है।

He is going to work with his suitcase.

वह अपने सूटकेस के साथ काम करने जा रहा है।

The businessman is calling his boss.

व्यापारी अपने मालिक को बुला रहा है।

He has a walkie talkie.

उसके पास वॉकी टॉकी है।

My mom loves to drink tea.

मेरी माँ को चाय पीना बहुत पसंद है।

The teapot is short and spout.

चायदानी छोटी और टोंटी है।

The teapot has green tea in it.

चायदानी में हरी चाय है।

The number "zero" is saying, Ok.

संख्या "शून्य" कह रही है, ठीक है।

The zero is saying fine by making the okay gesture.

शून्य ठीक इशारा करके ठीक कह रहा है।

I have 0 tails.

मेरे पास 0 पूंछ हैं।

The one is saying its name.

एक अपना नाम कह रहा है।

Number one got first place at a competition.

प्रतियोगिता में नंबर एक को पहला स्थान मिला।

I have one nose.

मेरी एक नाक है।

Mr. Snowman is celebrating Christmas by the decorated tree.

श्री स्नोमैन सजाए गए पेड़ द्वारा क्रिसमस मना रहे हैं।

The snowman is having a Christmas party.

हिममानव एक क्रिसमस पार्टी कर रहे हैं।

This snowman is my friend, and he is a helper of Santa.

यह हिममानव मेरा दोस्त है, और वह सांता का सहायक है।

The Pencil is saying hello to you.

पेंसिल तुम्हें नमस्ते कह रही है।

The pencil is scribbling a line with the lead.

पेंसिल लीड के साथ एक रेखा को स्क्रिबल कर रहा है।

The pencil is drawing a zig-zag line.

पेंसिल एक ज़िग-ज़ैग रेखा खींच रहा है।

The number "six" is saying 1+5=6.

संख्या "छह" 1 + 5 = 6 कह रही है।

The six are excitedly jumping up and down.

छह उत्साह से ऊपर और नीचे कूद रहे हैं।

A butterfly has six legs.

एक तितली के छह पैर होते हैं।

The tiger is wearing a bow on its neck.

बाघ ने अपनी गर्दन पर धनुष पहना हुआ है।

A formal tiger is waving his hand for a yellow taxi.

एक औपचारिक बाघ एक पीले टैक्सी के लिए अपना हाथ लहरा रहा है।

It is orange and black.

यह नारंगी और काला है।

The cereal box got a magician set for Christmas.

अनाज के बक्से को क्रिसमस के लिए एक जादूगर सेट मिला।

The boy got a wizard action figure for his birthday.

लड़के को अपने जन्मदिन के लिए एक जादूगर एक्शन फिगर मिला।

The book has a wand.

पुस्तक में एक छड़ी है।

The rabbit is thinking about something.

खरगोश कुछ सोच रहा है।

The rabbit is confused.

खरगोश उलझन में है।

The rabbit has long ears.

खरगोश के कान लंबे होते हैं।

The boy is carrying so many books!

लड़का इतनी किताबें लेकर जा रहा है!

The smart little boy is carrying heavy books to study.

स्मार्ट छोटा लड़का पढ़ने के लिए भारी किताबें ले जा रहा है।

The boy is carrying a lot of books.

लड़का बहुत सारी किताबें लेकर जा रहा है।

I have a lot of brushes and pencils.

मेरे पास बहुत सारे ब्रश और पेंसिल हैं।

The writing utensils are in the tin can.

लेखन के बर्तन टिन के डिब्बे में हैं।

I have a lot of pencils.

मेरे पास बहुत सारी पेंसिल हैं।

I had a small birthday cake for my party.

मेरी पार्टी के लिए मेरे पास एक छोटा सा जन्मदिन था।

This birthday cake is for a little kids.

यह जन्मदिन का केक एक छोटे बच्चे के लिए है।

I have a candle on my cake.

मेरे केक पर एक मोमबत्ती है।

The queen is beautiful.

रानी सुंदर है।

The queen has a pink wand.

रानी के पास एक गुलाबी छड़ी है।

The queen has a wand.

रानी के पास एक छड़ी है।

My mom bought me a new backpack to take to school.

मेरी माँ ने मुझे स्कूल ले जाने के लिए एक नया बैग खरीदा।

The green backpack is holding all my belongings.

हरे रंग का बैग मेरा सारा सामान पकड़े हुए है।

My bag has many pockets.

मेरे बैग में कई पॉकेट हैं।

An owl is teaching the kids in school about work.

एक उल्लू स्कूल में बच्चों को काम के बारे में पढ़ा रहा है।

Mr.Owl teaches the 3rd grade.

Mr.Owl 3rd ग्रेड सिखाता है।

The owl is a language arts teacher.

उल्लू एक भाषा कला शिक्षक है।

There is jam on the bread.

रोटी पर जाम है।

You can put jam on toast to give it more taste.

आप इसे अधिक स्वाद देने के लिए टोस्ट पर जैम लगा सकते हैं।

Mom bought a new bottle of jam.

माँ ने जाम की नई बोतल खरीदी।

The duck has a big nose.

बत्तख की बड़ी नाक होती है।

The duck just dropped its little oval eggs.

बतख ने अपने छोटे अंडाकार अंडे गिरा दिए।

The duck has three eggs.

बत्तख के तीन अंडे होते हैं।

Happy Teddy is opening his box of presents from Santa.

हैप्पी टेडी सांता से उपहारों का पिटारा खोल रहा है।

The teddy bear is opening his second present.

टेडी बियर अपना दूसरा वर्तमान खोल रहा है।

The bear has a present.

भालू का एक वर्तमान है।

My cat likes to eat fish.

मेरी बिल्ली को मछली खाना पसंद है।

The cat is looking for more treats.

बिल्ली अधिक व्यवहार की तलाश में है।

My cat has big eyes.

मेरी बिल्ली की बड़ी आंखें हैं।

NINE

The smiling number nine is saying its name out loud.

मुस्कुराता हुआ नौ जोर से अपना नाम कह रहा है।

The nine is saying that 4+5=9.

नौ कह रहा है कि 4 + 5 = 9।

My sister has nine stuffed animals.

मेरी बहन के पास नौ भरवां जानवर हैं।

The waiter is serving steaming hot pizza.

वेटर स्टीमिंग हॉट पिज़्ज़ा परोस रहा है।

The chef just took the pizza oven

शेफ सिर्फ पिज्जा ओवन ले गया

The pizza looks delicious.

पिज्जा स्वादिष्ट लगता है।

The ant is telling a story.

चींटी एक कहानी कह रही है।

An ant is tiny in size, but very strong.

एक चींटी आकार में छोटी होती है, लेकिन बहुत मजबूत होती है।

I found an ant.

मुझे एक चींटी मिली।

The Pencil is leaving to go on a long relaxing vacation.

पेंसिल लंबी आराम की छुट्टी पर जाने के लिए छोड़ रही है।

The pencil wakes up bright and early to go to work.

पेंसिल काम पर जाने के लिए उज्ज्वल और जल्दी उठता है।

The pencil put on a big smile and went to work.

पेंसिल ने एक बड़ी सी मुस्कान डाली और काम पर चली गई।

The dog is playing with a bone.

कुत्ता एक हड्डी से खेल रहा है।

The dog likes to lick the bone.

कुत्ते को हड्डी चाटना पसंद है।

The dog likes to play.

कुत्ते को खेलना पसंद है।

Mr. Snowman is holding a broom and saying goodbye.

श्री स्नोमैन एक झाड़ू पकड़कर अलविदा कह रहे हैं।

The snowman was just done cleaning the yard.

स्नोमैन सिर्फ यार्ड की सफाई करता था।

I made a snowman.

मैंने एक स्नोमैन बनाया।

The scientist is making a potion.

वैज्ञानिक एक औषधि बना रहा है।

The woman is learning how to become a scientist.

महिला वैज्ञानिक बनना सीख रही है।

He has a potion.

उसके पास एक औषधि है।

The red and black ladybug is just done eating some leaves.

लाल और काले रंग की भिंडी सिर्फ कुछ पत्तियां खाने के लिए बनाई गई है

The ladybug is eating a piece of lettuce.

भिंडी सलाद के एक टुकड़े को खा रही है।

The ladybug has many spots.

भिंडी में कई धब्बे होते हैं।

He likes to paint.

उसे पेंट करना पसंद है।

The house painter is almost done with his daily work.

घर के चित्रकार लगभग अपने दैनिक काम के साथ किया जाता है।

He has a bucket of paint.

उसके पास पेंट की बाल्टी है।

The frog is smiling because it is happy.

मेंढक मुस्कुरा रहा है क्योंकि यह खुश है।

The frog is happy and excited.

मेंढक खुश और उत्साहित है।

The frog has a big smile.

मेंढक की बड़ी मुस्कान है।

FiVE

The number "five" is trying to give you a high five.

संख्या "पांच" आपको उच्च पांच देने की कोशिश कर रही है।

The five are saying its name out loud, so others will know.

पांचों जोर से अपना नाम कह रहे हैं, इसलिए दूसरों को पता चल जाएगा।

I have five fingers on 1 of my hands.

मेरे 1 हाथ पर पांच उंगलियां हैं।

The octopus has eight tentacles.

ऑक्टोपस में आठ तम्बू होते हैं।

The octopus has very long tentacles.

ऑक्टोपस में बहुत लंबे तम्बू होते हैं।

The octopus lives underwater.

ऑक्टोपस पानी के भीतर रहता है।

The policeman is mad.

पुलिस वाला पागल है।

The policeman is angry at some rotten teenagers.

पुलिसवाले कुछ सड़े हुए किशोरों पर गुस्सा कर रहे हैं।

He is wearing sunglasses.

उसने धूप का चश्मा पहन रखा है।

THREE

The number "three" is saying you got 3 out of 3.

संख्या "तीन" कह रही है कि आपको 3 में से 3 मिले।

Number three is counting to three.

नंबर तीन पर तीन की गिनती हो रही है।

I have three buttons on my dress.

मेरी ड्रेस पर तीन बटन हैं।

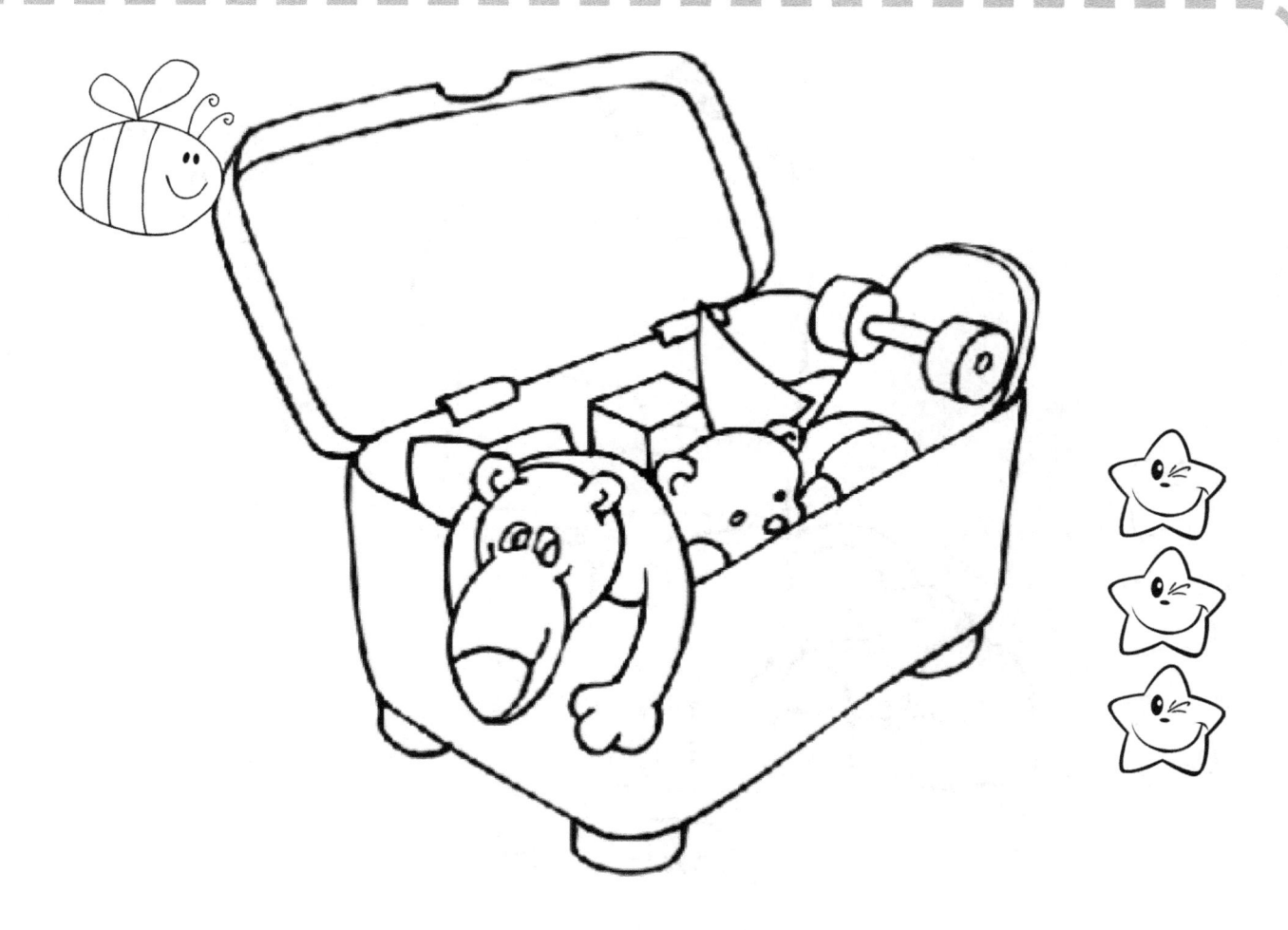

My toy box contains a lot of toys.

मेरे खिलौने के बक्से में बहुत सारे खिलौने हैं।

The toy chest is full of toys.

खिलौने की छाती खिलौनों से भरी है।

I have stuffed animals, balls, and other toys in my toy box.

मैंने अपने टॉय बॉक्स में जानवरों, गेंदों और अन्य खिलौनों को भर दिया है।

The builder man has gone to work on a project.

बिल्डर आदमी एक प्रोजेक्ट पर काम करने गया है।

The man has bought a shiny new hammer.

आदमी ने एक चमकदार नया हथौड़ा खरीदा है।

The man has an ancient hammer.

आदमी के पास एक प्राचीन हथौड़ा है।

The boy is having fun playing with a yoyo.

लड़का एक योयो के साथ खेल कर मज़े ले रहा है।

The kid has a very colorful yoyo.

बच्चे के पास एक बहुत रंगीन योयो है।

The boy has a little hat.

लड़के को थोड़ी टोपी है।

Santa gave reindeer a big present.

संता ने बारहसिंगे को एक बड़ा सा उपहार दिया।

The reindeer is late to give his present to his friends.

हिरन को अपने दोस्तों को अपने वर्तमान देने के लिए देर हो चुकी है।

Reindeer has a scarf.

बारहसिंगा का दुपट्टा है।

The chef serves delicious-looking food.

शेफ स्वादिष्ट दिखने वाला भोजन परोसता है।

The chef made yummy pasta for everyone to share.

शेफ ने सभी के लिए स्वादिष्ट पास्ता बनाया।

The chef has a napkin.

महाराज के पास एक नैपकिन है।

My dad works on the computer.

मेरे पिताजी कंप्यूटर पर काम करते हैं।

The laptop is saying hi to the user.

लैपटॉप उपयोगकर्ता को हाय कह रहा है।

That is my dad's computer.

वह मेरे पिताजी का कंप्यूटर है।

The Easter Bunny is painting a chocolate egg.

ईस्टर बनी चॉकलेट चॉकलेट को चित्रित कर रही है।

The Easter Bunny likes to paint eggs.

ईस्टर बनी को अंडे रंगना पसंद है।

The rabbit is entering an egg painting contest.

खरगोश एक अंडा पेंटिंग प्रतियोगिता में प्रवेश कर रहा है।

The green frog is trying to catch the fly.

हरा मेंढक मक्खी को पकड़ने की कोशिश कर रहा है।

The frog is catching a fly.

मेंढक एक मक्खी को पकड़ रहा है।

The frog is chasing the fly.

मेंढक मक्खी का पीछा कर रहा है।

The nurse looks scary, holding a syringe.

नर्स डरावनी लग रही है, सिरिंज पकड़े हुए।

The nurse is helping patients get better.

नर्स मरीजों को बेहतर होने में मदद कर रही है।

The nurse helps the doctor.

नर्स डॉक्टर की मदद करती है।

The walrus has unusually sharp teeth.

वालरस में असामान्य रूप से तेज दांत होते हैं।

The walrus has a tail.

वालरस की एक पूंछ होती है।

The walrus has a friend.

वालरस का एक दोस्त है।

The queen bee has a beautiful wand.

रानी मधुमक्खी के पास एक सुंदर छड़ी है।

The beehive has a leader who is a magical bee.

मधुमक्खी का एक नेता होता है जो एक जादुई मधुमक्खी होता है।

She is wearing a crown.

उसने मुकुट पहना हुआ है।

We use the umbrella when it's raining.

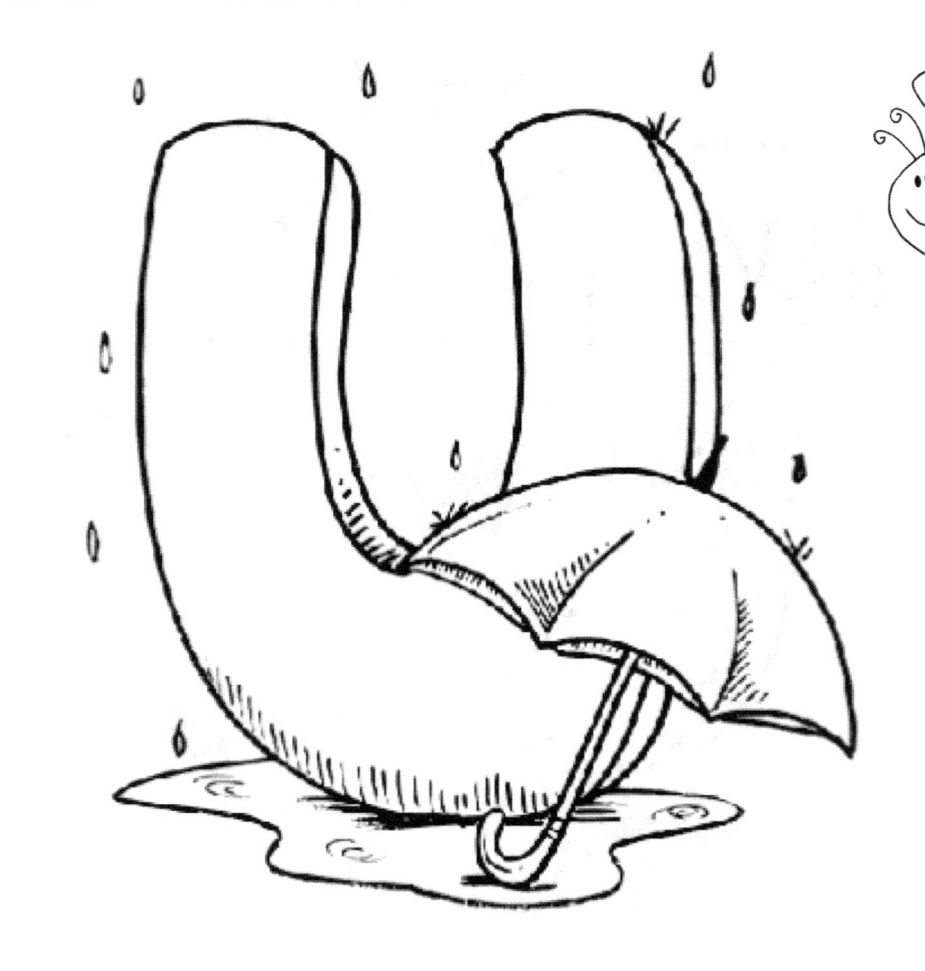

बारिश होने पर हम छाता का इस्तेमाल करते हैं।

The umbrella shelters you.

छाता आपको आश्रय देता है।

It's raining.

बारिश हो रही है।

The old goat is proud of its golden bell.

पुरानी बकरी को अपनी सोने की घंटी पर गर्व है।

The goat has four hooves.

बकरी के चार खुर हैं।

The goat has a friend.

बकरी का एक दोस्त है।

The elephant has a long trunk to spray water.

हाथी के पास पानी छिड़कने के लिए एक लंबा कुंड होता है।

The elephant has a long trunk.

हाथी की लंबी सूंड होती है।

The elephant lives in the zoo.

हाथी चिड़ियाघर में रहता है।

The Chipmunk is about to eat a brown acorn.

चिपमंक एक भूरे रंग का बलूत खाने वाला है।

The chipmunk brought home a giant acorn.

चिपमंक घर में एक विशाल बलूत ले आया।

The chipmunk has a soft tummy.

चिपमंक में एक नरम पेट होता है।

The farmer is driving his truck.

किसान अपना ट्रक चला रहा है।

The farmer is driving a tractor.

किसान ट्रैक्टर चला रहा है।

The farmer is chewing on a piece of wheat.

किसान गेहूं के एक टुकड़े को चबा रहा है।

The chicken is saying hello to us.

मुर्गी हमें नमस्ते कह रही है।

The white chicken is wearing an artist's hat.

सफेद मुर्गी एक कलाकार की टोपी पहने हुए है।

The rooster has a big beak.

मुर्गे की बड़ी चोंच होती है।

The animals are happy being together again.

जानवर फिर से एक साथ होने से खुश हैं।

The animals are having a giant sleepover.

जानवरों को एक विशाल सो रहा है।

There are a lot of animals.

बहुत सारे जानवर हैं।

The xylophone is an instrument like the piano.

ज़ाइलोफोन पियानो की तरह का एक उपकरण है।

The xylophone is a very cool instrument.

जाइलोफोन एक बहुत ही अच्छा यंत्र है।

The xylophone is a colorful instrument.

जाइलोफोन एक रंगीन यंत्र है।

The lion is big.

सिंह बड़ा है।

The lion is chasing its tail.

शेर अपनी पूंछ का पीछा कर रहा है।

The lion is timid.

शेर डरपोक है।

The children are going on a field trip on the yellow bus.

बच्चे पीली बस में फील्ड ट्रिप पर जा रहे हैं।

The children go to school on a bus.

बच्चे बस में स्कूल जाते हैं।

The kids on the school bus are going to school.

स्कूल बस में बच्चे स्कूल जा रहे हैं।

The one and the zero are holding hands.

एक और शून्य हाथ पकड़े हुए हैं।

One and Zero together are ten.

एक और शून्य एक साथ दस हैं।

I have ten toes in total.

मेरे कुल दस पैर हैं।

This dog is wagging its tail for more treats.

यह कुत्ता अधिक व्यवहार के लिए अपनी पूंछ को हिला रहा है।

The dog has a golden collar.

कुत्ते के पास एक सुनहरा कॉलर है।

That is a fat dog!

वह मोटा कुत्ता है!

The magician plays a trick.

जादूगर एक चाल खेलता है।

The magician summoned a rabbit out of his hat.

जादूगर ने अपनी टोपी में से एक खरगोश को बुलाया।

The rabbit is very young.

खरगोश बहुत छोटा है।

The engineer is holding a wrench.

इंजीनियर एक रिंच पकड़ रहा है।

The engineer is going to fix a fancy blue car.

इंजीनियर एक फैंसी नीली कार को ठीक करने जा रहा है।

He has a suitcase.

उसके पास एक सूटकेस है।

The small cow has orange hair on the top of its head.

छोटी गाय के सिर के शीर्ष पर नारंगी बाल होते हैं।

The little cow will eventually be a big one.

छोटी गाय आखिरकार बड़ी हो जाएगी।

The young calf is walking in the field.

युवा बछड़ा मैदान में घूम रहा है।

The number "two" is holding up bunny ears.

संख्या "दो" बनी कान पकड़ रही है।

Number two is posing for a selfie.

सेल्फी के लिए नंबर दो पोज दे रहा है।

I have two ears.

मेरे दो कान हैं।

The iguana is hiding behind the letter I.

इगुआना I के पीछे छिपा है।

The iguana is curling around the alphabet.

इगुआना वर्णमाला के चारों ओर कर्लिंग है।

The iguana has a long tail.

इगुआना की एक लंबी पूंछ होती है।

Ram has a large horn and fluffy wool.

राम के पास एक बड़ा सींग और शराबी ऊन है।

The ram is smiling because it just took a bath.

राम मुस्कुरा रहे हैं क्योंकि यह सिर्फ स्नान कर रहा था।

This ram lives in the farmhouse.

यह राम फार्महाउस में रहता है।

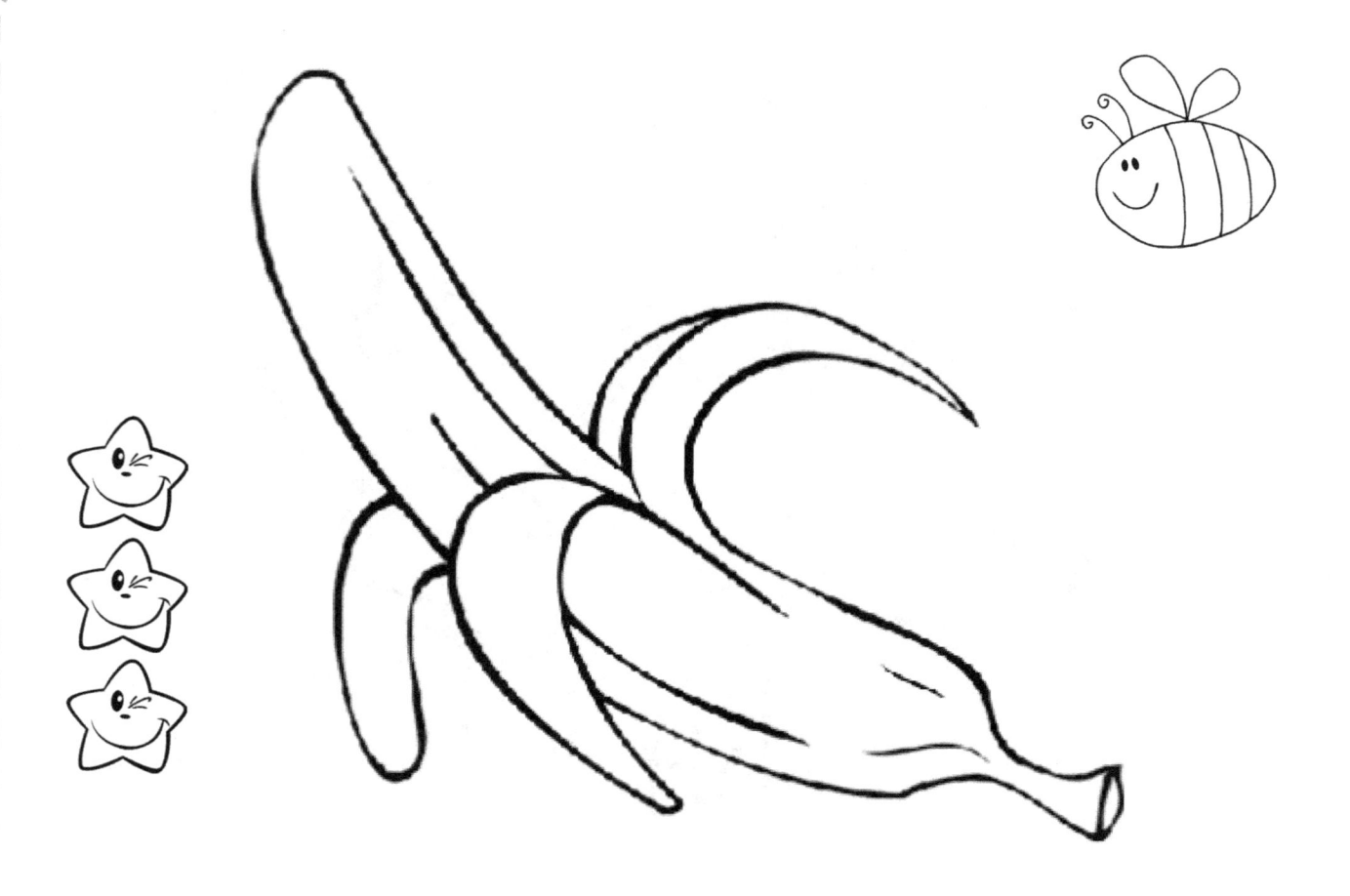

My favorite fruit to eat is a banana.

मेरा पसंदीदा फल खाने के लिए एक केला है।

The banana is yellow.

केला पीला होता है।

My dad bought a lot of bananas in the market.

मेरे पिताजी ने बाजार में बहुत सारे केले खरीदे।

A rat is on top of the letter M

माउस M के ऊपर है

The mouse has very long whiskers.

माउस में बहुत लंबे मूंछ होते हैं।

I like mice.

मुझे चूहे पसंद हैं।

That is a beautiful ring.

वह एक सुंदर वलय है।

The ring has a diamond jewel on it.

अंगूठी पर हीरे का एक गहना होता है।

That is my ring.

वह मेरी अंगूठी है।

The hippo has a big head.

हिप्पो का एक बड़ा सिर होता है।

The hippo is amazed at how big his teeth are.

हिप्पो चकित है कि उसके दांत कितने बड़े हैं।

The hippo has a big head.

हिप्पो का एक बड़ा सिर होता है।

The delivery man sent us a package.

डिलीवरी मैन ने हमें एक पैकेज भेजा।

The workman is towing some heavy boxes.

कर्मकार कुछ भारी बक्सों को रौंद रहा है।

He is sleepy.

उसे नींद आ रही है।

The frog is waving to us.

मेंढक हमारे पास लहरा रहा है।

The frog says goodbye to me and you.

मेंढक मुझे और आपको अलविदा कहता है।

The frog has a big mouth.

मेंढक का बड़ा मुंह है।

The goat is eating grass.

बकरी घास खा रही है।

The goat is grazing in the meadow.

घास का मैदान में बकरी चर रही है।

The goat is sleepily walking around.

बकरी सोते हुए घूम रही है।

The dragon is using the rock to build its house.

ड्रैगन अपने घर के निर्माण के लिए चट्टान का उपयोग कर रहा है।

The dinosaur is getting a plate for his food.

डायनासोर को उसके भोजन के लिए एक प्लेट मिल रही है।

The dinosaur has a pillow.

डायनासोर का एक तकिया है।

The giraffe has an extremely long neck.

जिराफ की गर्दन बहुत लंबी होती है।

The giraffe has many spots.

जिराफ के कई धब्बे होते हैं।

The giraffe eats vegetables.

जिराफ सब्जियां खाता है।

The bat is ready to fly.

बल्ला उड़ने के लिए तैयार है।

The bat is hugging the letter.

बल्ला अक्षर को गले लगा रहा है।

The bat sleeps upside down.

बल्ला उल्टा होकर सोता है।

He is driving a big icecream truck.

वह एक बड़ा प्रतिष्ठित ट्रक चला रहा है।

The ice cream truck is playing a beautiful song.

आइसक्रीम ट्रक एक सुंदर गीत बजा रहा है।

Come on! The ice cream truck is here!

आओ! आइसक्रीम ट्रक यहाँ है।

Funny, Mr. Clown is giving away colorful balloons.

मजेदार, मिस्टर क्लाउन दूर रंगीन गुब्बारे दे रहा है।

The clown is holding three colorful balloons.

विदूषक ने तीन रंगीन गुब्बारे पकड़े हैं।

The clown likes to give out balloons to little kids.

विदूषक छोटे बच्चों को गुब्बारे देना पसंद करता है।

The animals are having a big celebration.

जानवरों का बड़ा उत्सव हो रहा है।

The animals invited the monkey and the parrot to join their sleepover.

जानवरों ने बंदर और तोते को अपने नींद में शामिल होने के लिए आमंत्रित किया।

I went to the zoo.

मैं चिड़ियाघर गया था।

A smart owl is reading an alphabet book.

एक स्मार्ट उल्लू एक वर्णमाला पुस्तक पढ़ रहा है।

The young brown owl is learning to read.

युवा भूरा उल्लू पढ़ना सीख रहा है।

Owl likes to read big books.

उल्लू को बड़ी किताबें पढ़ना पसंद है।

The graceful swan is striding through the water.

सुशोभित हंस पानी के माध्यम से चल रहा है।

The beautiful swan is eating a piece of green vegetables.

सुंदर हंस हरी सब्जियों का एक टुकड़ा खा रहा है।

The swan is beautiful.

हंस सुंदर है।

FOUR

The number "four" is counting to four.

संख्या "चार" चार की गिनती है।

The four saw four dolphins at the ocean.

चारों ने समुद्र में चार डॉल्फ़िन देखीं।

My cat has four legs.

मेरी बिल्ली के चार पैर हैं।

The crocodile is excited.

मगरमच्छ उत्तेजित है।

The jumping crocodile is happy.

कूदते मगरमच्छ खुश है।

The alligator is jumping.

मगरमच्छ कूद रहा है।

The rooster is on the fence.

मुर्गा बाड़ पर है।

The rooster is waking up everybody.

मुर्गे सबको जगा रहे हैं।

The rooster is going to wake people up.

मुर्गा लोगों को जगाने वाला है।

The cute monster is flying around.

प्यारा राक्षस चारों ओर उड़ रहा है।

The monster has a pointy horn.

राक्षस के पास नुकीला सींग होता है।

The little monster has a long tail.

छोटे राक्षस की एक लंबी पूंछ होती है।

The letter N stands for a nose.

N एक नाक के लिए है।

The nose is used for smelling things.

नाक का इस्तेमाल चीजों को सूंघने के लिए किया जाता है।

The nose is breathing.

नाक से सांस चल रही है।

The zebra has black and white stripes.

जेब्रा में काली और सफेद धारियां होती हैं।

The zebra is smiling widely

ज़ेबरा व्यापक रूप से मुस्कुरा रहा है

The zebra has a tail.

ज़ेबरा की एक पूंछ होती है।

CPSIA information can be obtained
at www.ICGtesting.com
Printed in the USA
LVHW061253200820
663725LV00009B/108

9 781670 549402